LAR,

ARMANDO FREITAS FILHO

Lar,

(2004-2009)

Prefácio
Vagner Camilo

Companhia Das Letras

Copyright © 2009 by Armando Freitas Filho

Grafia atualizada segundo o Acordo Ortográfico da Língua Portuguesa de 1990, que entrou em vigor no Brasil em 2009.

Capa
Sergio Liuzzi sobre gravura de Carlos Martins,
Interior com poltrona, em água-forte e água-tinta, 1977
Foto da gravura: Ana Stewart

Tradução da epígrafe
Luiz Repa

Preparação
Maria Cecília Caropreso

Revisão
Ana Luiza Couto
Arlete Zebber

Dados Internacionais de Catalogação na Publicação (CIP)
(Câmara Brasileira do Livro, SP, Brasil)

Freitas Filho, Armando
  Lar, : (2004-2009) / Armando Freitas Filho;
prefácio de Vagner Camilo. — São Paulo:
Companhia das Letras, 2009.

ISBN 978-85-359-1466-5

1. Freitas Filho, Armando 2. Poesia brasileira I. Camilo, Vagner. II Título.

09-04321   CDD-869.91

Índice para catálogo sistemático:

1. Poesia brasileira 869.91

[2009]
Todos os direitos desta edição reservados à
EDITORA SCHWARCZ LTDA.
Rua Bandeira Paulista 702 cj. 32
04532-002 — São Paulo — SP
Telefone (11) 3707 3500
Fax (11) 3707 3501
www.companhiadasletras.com.br

Para Rubens, em memória

No infinito. Praticamente infinito não é exatamente infinito, termina pouco, alguns milímetros, antes do nada. Desapareceu alguma coisa que é muito pouco e, por isso, infinitamente muito. Milhões são o Algo que desapareceu. Quase infinitamente muitos, o que é muito pouco, praticamente infinitamente pouco, o que é muitíssimo. Milhões de alças para se segurar teriam existido, mas nada em que poderiam ter sido instaladas. Nada com que se envolver. Ninguém com quem se envolver. Milhões partem. Quase ninguém. Ninguém em casa.

Elfriede Jelinek

Prefácio

Lar, a autobiografia de uma poética

> *Se existe uma autobiografia poética, uma autobiografia do poema ou "na poesia", ela é menos a carteira de identidade de um sujeito específico do que o hipotético mapa da alteridade de suas transações com os outros que ele traz em si.*
>
> Jean-Michel Maulpoix,
> *La poésie, autobiographie d'une soif*

Armando Freitas Filho fala em *Lar*, como sendo seu *Boitempo*. Busca, assim, evidenciar o veio autobiográfico que é um dos traços distintivos deste novo livro em comparação com sua já extensa obra publicada até o momento, em intervalos, aliás, bastante regulares.

Esses poemas, todavia, não parecem se afinar com a perspectiva distanciada e o registro humorístico mais jovial adotados pelo *eu* drummondiano em relação a seu próprio passado, a ponto de se desdobrar e se objetivar na figura de um *menino antigo* encarregado de evocar cenas e emoções da infância, de modo a garantir ao *eu* maduro o recuo necessário para se ver *de fora*, sem se contagiar com os sentimentos suscitados por tais evocações. O eu autobiográfico de *Lar*, aliás, trata de registrar essa diferença de perspectiva nos versos de "Herança": *Ao passar a limpo, me sujo* / [...] *"Menino antigo" não há em mim* / [...] *Há o que se empilha, inominado/inanimado / perto ou na parte mais ferida no coração / migrando para outro peito, outra vida / dentro da família e da primeira memória* [...].

Isso não quer dizer, em absoluto, que o *gauche* mineiro não marque presença neste livro, contribuindo de forma decisiva para a construção da mitologia pessoal do eu lírico que aqui se enuncia. Nem poderia ser diferente, dada a reconhecida influência de sua poesia sobre a de Armando, que o situa entre seu *four* de ases, na companhia de Bandeira, Cabral e Gullar, igualmente presentes no livro.

Mas o Drummond que comparece insistentemente em *Lar*, pelo trabalho da citação ora mais, ora menos explícita, é o dos grandes livros anteriores à série memorialística, ainda marcados, portanto, pela autoanálise impiedosa e demais *inquietudes* características de sua poesia. Isso sem que Armando se detenha especificamente nos poemas do *fazendeiro do ar* dedicados ao passado familiar, como seria de esperar numa obra de corte autobiográfico, preferindo, antes, os que tratam do indivíduo, da própria poesia e das *tentativas de explicação do ser e estar no mundo*.

A *angústia da influência* que marca o diálogo vivo e tenso de Armando com a lírica de Drummond chega mesmo a ser flagrada em seu despertar, com a tentativa vã do poeta ainda adolescente de aproximar sua cara espinhenta e purulenta da face lisa e bem escanhoada do poeta consagrado (qual estátua no nicho), que recua, porém, com asco, restando apenas ao primeiro *apostar na espera / acalmar o alvoroço / da minha cara escalavrada / até que o tempo pare e comece / a corroer a pedra impecável da cara / que me afronta, sem a certeza / de alcançar o dia imaculado / por tamanha lisura e perfeição.*

Os poemas da *formação* (ou *de-formação*?) do sujeito lírico que integram duas das três partes do livro tomam os anos escolares por marco fundador do discurso autobiográfico. Não por acaso, o livro se abre com uma seção intitulada "Primeira série". Como um dos *topoi* do gênero, a escola representa o espaço de abertura e socialização, rompendo com a clausura do universo doméstico. É também nesse espaço que o futuro poeta ensaia seus primeiros esforços autorais, disputando um *lugar* entre os fantasmas de outras séries para *inscrever seu nome* no tampo da carteira escolar, com a ponta em riste do pequeno canivete.

Mas a autobiografia poética não se restringe ao universo colegial, nem parece obedecer a uma cronologia estrita. E aqui temos de considerar o próprio desajuste do gênero lírico para lidar com a pretensa tarefa autobiográfica de recompor a gênese de um indivíduo, mais adequada ao fio contínuo da prosa. Longe dessa pretensão, nota Maulpoix, a autobiografia poética tende a ser necessariamente elíptica, feita apenas de aparições e circunstâncias, de epifanias. Nota ainda que, enquanto a autobiografia busca se concentrar na *figura* do autobiografado, a poesia tende a fragmentá-la, dispersá-la e desfigurá-la. A constituição do sujeito-poeta na autobiografia é ao mesmo tempo instituição/destituição.

Esse caráter lacunar — *autobiografia em linhas quebradas* — parece ocorrer em *Lar,* que elege apenas alguns momentos significativos para a *constituição* (concebida nos mesmos termos de Maulpoix) da *identidade* de um sujeito lírico (e de uma *poética*) com o (a) qual o leitor do poeta carioca já se familiarizou.

Além da escola, o livro explora outros *topoi* e experiências recorrentes no gênero, igualmente decisivos para essa constituição identitária: a evocação meio proustiana do primeiro quarto de dormir; a reconstituição da casa paterna, com sua sala de visitas fria e sem vida (em contraste com a vida intensa de sua réplica reduzida, a casa dos empregados, pela faina doméstica e pelas vivências *proibidas* do *eu* adolescente *em horário de trabalho roubado*); o despertar da sexualidade e a descoberta do *corpo* como pura *alteridade*. Ou ainda o confronto com a austeridade da religião repressora, seja na experiência do eu no confessionário, *pronto para a penitência* [...] *arranhado / pela pureza áspera do padre / diante da aridez de Deus*, seja na primeira comunhão do menino de alma ainda pura, cheirando a limpo, qual *papel almaço* que *Deus pautará com mão pesada*; a vocação e os primeiros contatos com a leitura e a escrita; os jogos infantis, como o de botões, solitário, prefigurando o embate do *eu* consigo mesmo...

Como não poderia deixar de ser, a relação com a família, em particular com os pais, avulta nessa seção de forma contundente, justificando a condição desajustada do *eu*: *Escrevo nas costas da mãe / conspurcada pelo amor / nas costas dos tios empertigados / pela indiferença e sarcasmo / na cara dos primos exemplares / reescrevo, corrijo, fazendo / pressão com o lápis rombudo / para marcar minha dissidência / na família programada* [...] Da relação com os pais, o eu chega mesmo a recriar poeticamente a *cena originária*, não só fantasiando o coito parental, mas se intrometendo nele...

A imagem do passado que emerge dessa primeira seção do livro (encerrada com a venda da casa da família), bem como da segunda ("Formação") nada tem, obviamente, de idílica. Se a ela associarmos o *Lar,* do título, compreende-se a ironia que o perpassa ao suprimir o aposto da frase feita, detendo-se na vírgula: não se trata, de fato, de uma imagem ou evocação *edulcorada* dos *verdes anos.* Todas essas experiências são *vivenciadas* de forma intensa e dilacerada, e espelhada na contundência de uma escrita que aprendemos a apreciar justamente pelas imagens impactantes (sobretudo corporais), pelo poder de sugestão da musicalidade (produzida por força das paronomásias e aliterações), pelas elipses, suspensões sintáticas, cortes bruscos... É, de fato, um *estilo cortante,* para lembrar a associação etimológica com o *estilete* referida num dos poemas da terceira seção.

A evocação dos anos de formação a esta altura da trajetória poética de Armando Freitas Filho se justifica, sem dúvida, pela experiência da *maturidade,* à qual se ligam a matéria e o sentimento dominantes nesta última parte do livro: *Numeral,* que dá sequência à seção (*Numeral/Nominal*) inaugurada em *Máquina de escrever* (2003) e desdobrada em *Raro mar* (2006). O poema número 20 de *Numeral/Nominal* já dizia do teor dessa seção que se prolongou nos dois livros seguintes e deverá ainda continuar nos próximos que forem dados ao poeta publicar: "*Numerando até a morte*" / *principalmente o inominado.* A grande matéria da seção (ou de todo o livro?) é o senso da finitude, a consciência do *tempo*,* que nada tem de *dinâmico, de sonho / da utopia,* mas de aniquilador, a todo instante sinalizando para *a*

---

* Viviana Bosi já havia chamado a atenção para a relevância da questão do *tempo* em *Numeral/Nominal* e em outros momentos da obra do poeta. Ver "Objeto urgente", introdução à poesia reunida e revista do autor (*Máquina de escrever*).

meticulosa hora da autópsia. E é no *corpo injusto* que essa ação devastadora se faz sentir de maneira mais flagrante. (Como sempre ocorre na poesia de Armando, fiel a seus modelos de inspiração, a evocação do *corpo* representa uma forma de fuga às abstrações, à transcendência, justamente pelo apego à total imanência física. A esse respeito, diz o eu lírico no fecho do livro: ... *tendo de seu, apenas, o bodum / ranzinza do corpo / que vai se resignando / a não perseguir o inominável / nem a se persignar.*)

Mas antes que se dê a interrupção brusca dessa *contagem regressiva*, se não há como deter a ação do tempo, esse *esquartejador indiferente*, podem-se ao menos resgatar certos momentos carregados de sentido para o eu lírico (sobre os quais versam os poemas da seção) da completa indigência dos *dias numerados que não se nomeiam mais*. Como ele procede em relação ao passado, trata-se agora (e até o fim) de *numerar*, datando com precisão, aquilo que efetivamente *conta* — e mais de um poema explora as ambiguidades do verbo *contar*.

A meditação sobre o transitório, o precário e a morte, subordinados ao ritmo avassalador do tempo, converge para a própria poesia, como é de esperar em uma lírica tão marcadamente reflexiva como a de Armando Freitas Filho. Assim como o tempo, essa poesia produzida (para empregar um termo caro ao poeta) em *moto-contínuo* busca indagar não apenas a respeito de sua natureza e destinação, mas também sobre o processo de criação, a recepção, o suporte e as marcas da subjetividade (ou seu *apagamento*) em vista das transformações dos meios de produção e reprodução, com a transição do mecânico ao digital, incluindo-se aí a *automatização* do próprio (ato) criador já anunciada em

Máquina de escrever. Aliás, valeria, em contraponto a tais transformações, pensar o sentido da publicação das *plaquetes* produzidas artesanalmente e em edições limitadas, com que Armando, volta e meia, brinda seus leitores mais próximos. São duas economias temporais que respondem a uma mesma dinâmica imposta por esse ritmo acelerado e ruinoso.

Mas para examinar essas e outras relações que o livro suscita seria necessário... *tempo hábil*, além de maior fôlego interpretativo. Na falta de ambos, limitei-me aqui a me acercar deste *Lar*, visando apenas a um reconhecimento de terreno, de modo a sinalizar possíveis entradas e flagrar uma nesga de seu horizonte, mas sem avançar muito além de seu limiar. Ou, para falar com o poeta, o *que foi escrito até aqui / só dá conta do que está à flor / e não na sombra que o texto / lançou...* E, sem dúvida, é grande a sombra que ele projeta.

Vagner Camilo
janeiro de 2009

PRIMEIRA SÉRIE

Dias divididos por sol e lâmpada.
Cedo, se alternam: clausura
de salas, aulas, e o ar livre das gazetas
onde o jogo é dado, é notícia — drible
na atenção adversária, ou na minha
que antecede o tento, pró ou contra
quando o zero vira esfera, bola, gol
em cima da terra, grama, cimento, areia
no país de passes e impasses perfeitos.
Tarde, a praia se apaga. De volta
com o moto-contínuo do mar, atrás:
câmara ardente, carne entregue
em mão própria, antes do espasmo
sob a luz irradiada e rotineira
da dízima periódica dos dias.

*

Anil, goma, ferro a carvão
puxando o branco imaculado.
Cheiro de limpo, de papel almaço
que Deus pautará, com mão pesada
com a dura regra da linha reta
e o círculo da hóstia que busca na boca
o céu — distante da tentação, dos dentes
que a poderiam fazer sangrar, e a mim
sofrer — para a primeira configuração
da alma pura, livre do pecado do corpo.
Vestido desde o amanhecer, espero

em jejum, dentro da roupa vincada
com o rigor da fé, o desmaio da comunhão.

*

A carteira do colégio não é a caderneta
de dias assinalados, de faltas, em vermelho.
Nem a de couro, com o dinheiro curto de menino.
A carteira é a mesa inicial, sou eu, gaguejante
sobre pés em falso, que nunca se calçam certos
extensão incômoda de tábua dura
para braços magros de ossos e cotovelos.
A carteira sou eu, que a disputo —
provisório e permanente — com os fantasmas
de outras séries, aquém e além, envolto
pelo cheiro de antigas merendas.
Carteira na qual marco minha presença
o começo da vida, as iniciais no tampo, no canto
ocultas, para jamais serem rasuradas, escritas
com a ponta em riste do pequeno canivete.

*

O mar desengonçado
de quem não sabe nadar
à frente da casa inquietante
aterrada pela noite, permitindo
ruídos não decodificáveis.
Feito de areia do chão incerto
afundo em sono e solavanco

cabeceando: corpo mau, pais vivos
e frescos embora já apodreçam
em alguns pontos, aos poucos:
no hálito, nos dentes.
Pensar, pesar, no corredor estreito
do coração, no aperto escuro do quarto
na escada precipitada, o dia seguinte
da vida imprevisível, talvez despedaçado.

*

Cadillac preto, rabo-de-peixe, conversível
pneus banda branca, anos 50, estofamento creme.
Macio como a pele negra entreaberta em que afundo
nos cheiros de couro, de trabalho, sexo e asfalto:
cabeça de pau não pensa, peito de buceta
não tem coração. Parado na noite, na calçada
da praia, onde o chauffeur de terno azul e quepe
salta, discreto, e senta no banco, à beira-mar.

*

Confesso.
Diante da cara mascarada
por treliça e sombra.
De carne, pecador. Passivo, ativo
meia, bronha, pegação:
pera, uva, maçã no rosto, na boca.
Passo ambíguo no corredor.
Murmurado, entre paredes

minto com o corpo genuflexo
mas provocador, com o joelho ossudo
já castigado na madeira dura.
No canto, no cerco do nicho, cara
a cara, com a pergunta embalsamada
no hálito de incenso e alho
na escuta de mão dupla e respirações
contíguas, pronto para a penitência
para o amor do corpo musculoso
do Cristo, na missa, em cima do altar
para a missão de amar os pais
para rezar até derreter, arranhado
pela pureza áspera do padre
diante da aridez de Deus.

*

Meu corpo é o meu mal
mal amanhece me manda
ao desfecho do dia, mal me
suporta, malmequer, me
amaldiçoa — mau — me morde
amor, mesmo sem paixão maior.

*

O sinal preto da minha sombra.
Corpo suspeito sem escapatória
conjura contra si próprio, contra
mim, no espelho adverso

banhado de suor e corrosão.
Sob as minhas vistas, a verruga
interrogante, e o que não transpira
de pronto, submetido ao scanner
incansável: cão, cobra ensimesmada
comendo a distância subterrânea
cada vez mais curta do encontro com

*

Falta do seu cheiro apertado
do gosto negro
que cerca e entranha a juventude
à prova de qualquer banho e escova
que recende aceso no escuro do quarto
debaixo das unhas, da língua
nas minhas partes casadas com as suas
neste lençol lembrado que evocava o fantasma
através do seu suor crespo de trabalho:
chove quando você chora.

*

Escrevo nas costas da mãe
conspurcada pelo amor
nas costas dos tios empertigados
pela indiferença e sarcasmo
na cara dos primos exemplares
reescrevo, corrijo, fazendo
pressão com o lápis rombudo

para marcar minha dissidência
na família programada, mas
sob os olhos sérios do pai
que me desencurva, e apoia
mesmo desconfiado
sem palavra explícita para
não frisar demais sua intenção
seu ódio difuso que também
me atinge em forte trans
fusão, consigo, comigo mesmo
até alcançar a malvada consciência.

*

Bebo do seu copo, em segredo.
Bebo o seu resto. Penso que sinto
o gosto de sua boca no lábio de vidro.
Saliva, batom, suspiro, sorriso.
Assim te namoro, sempre através.
Mediado por alguma coisa
que você tocou e vestiu — roupão
macio esquecido no fim de tarde
na beira da piscina, em Petrópolis
que eu capturo à noite, igual
ao cashmere largado, lânguido no sofá
que ainda guarda a forma
do seu cheiro, diante da lareira que morre
no living frio, na alta madrugada.

*

Canhestro, com as mãos como que
em luvas de boxe, ou com a impressão
de tê-las calçado, não porque escreva forte
embora pretenda, mas por senti-las inábeis
para este ofício de segurar o lápis —
precisamente e próximo — tal como
as palavras que ele tenta caligrafar
e trazer para perto da vontade
da expressão nítida, ou de firmeza
que vai do esboço suado e promissor
ao borrão do golpe em falso — sujo —
do garrancho, da garatuja.

*

Sinistro, de nascença, adestrado
desde o início, para pender, dependurar-se
no outro lado da linha central do corpo
depender dele, e desaprender do outro
amortecer, amarrar, o máximo, seus reflexos
que, mesmo assim, relampejavam
pelas frestas dos sentidos — da emissão gaga da voz
ao chute certeiro do pé esquerdo —
do desastre imprevisto à destreza inopinada.

*

A mariposa grande sem pouso
é a materialização do silêncio:
mau augúrio, grumo, grude, agonia.

Bruxa que voa na sala apagada
e absorve o escuro em busca
da luz — negror de pano cinza sujo
de estopa de nojo, ultrajantemente
úmida e pulsante, brota, brusca
e peluda, perto da minha cara
do buraco da minha boca.

*

Apavorada de apavorar-me
espalhafatosa
                a barata voa
sem saber que sabe voar, e cai
cotidiana, mas sempre inesperada, em fuga
em contra-ataque
e quer metamorfosear-se no inominável inseto
irreconhecível, ilógico, *gregorsamsa* ©
de odor renhido e rumor de verniz ao franzir-se:
azáfama de asas, pernas, antenas, goma
que saem do éclair terrível, clariceano
do seu corpo, que quando morre sob o pé
— lispector! — expõe seu recheio de pus.

*

Livros fechados dentro da mala
têm o peso do sono de pedra
sem sonho: a caravela não parte
diante da fraga ou do naufrágio.

A capa não se enfuna no fragor
a espada não retine, nem o verso
cintila no escuro do fantasma
ou do detetive. Tudo se detém em pesados
blocos de papel em branco, e presos
que só ganharão leveza, impressão
e liberdade, se a chave que os tranca
for achada para abrir a fechadura dura.
Chave que está perdida entre as páginas
de um romance indecifrável, ainda.

*

Ampliando o raio do *risogrito*
aflição da seda que a mãe vestia
quando minha mão se opunha
à sua direção primeira, lisa
desafinando, desfiando tudo ao redor:
a combinação do corpo, a cinta
coriácea, cor-de-rosa amarga, a pele
da perna lustrosa, mais próxima
quando alguns fios corriam
na meia de náilon, e a carne
aparecia — rasgada, rançosa
sem o remendo de nenhum remédio.

*

Onde minha mãe acaba
comigo, e eu começo, onde

meu pai, no quarto escuro
se move sobre ela, murmura
e se altera, onde eu, de novo
despido, não esbarro, passo
no corredor estreito, entre
os dois raspando, onde ela para
e ele recomeça, onde eu cresço
onde ela espera o arremesso dele
meu, onde eu, onde ela, onde ele
onde nós, apertados, apartados, curtos
nos cruzamos, com a luz apagada?

*

Aceitar o horror do meu cheiro, estranho
descoberto na treva do socavão da infância.
Aturar o fantasma do meu hálito de açúcar e tártaro.
O outro não sou eu: é o meu corpo, sem controle
que cresce diante da tevê franzida
sentado na poltrona suada, com a mão
de esperma, pingando no carpete gasto
na cor manchada, desmaiando, cada vez mais
com o uso duro dos dias
que abafa o som do quebra-quebra
dos utensílios que o mau uso desaparafusou
dos seus lugares ferrenhos, dispostos
pela mãe, pela mão, ainda viva e reparadora
e que, agora, caem no chão de pedra e desespero.
Todo espelho é inflexível, velho.
Vejo-me oxidando na prata ordinária, na água de aço.
Sujo-me, me sujeito a ser solúvel.

De susto em susto, me puxo e examino:
sinal, cisto, nódulo, gânglio, sintoma.

*

Você é uma cadeira de pau.
Nos dias de algum inverno
se acolchoa um pouco.
Você é um móvel só no nome
pois não se move em direção
a ninguém. Ou somente se move
quando a arrastam arranhando
aos gritos, o chão encerado
pela palha de aço e escovão:
aceita, assim, empurrada, algum
corpo errante com um conforto
estrito, sem jogo de almofadas.
E o pano que a forrou e cobriu
é duro, demora para amaciar.

*

Medo de mim, do meu corpo
da extravagante ação da natureza
sobre ele, incompatível
desde o primeiro equilíbrio
do primeiro passo debaixo do primeiro dia
ou da frase que poderia definir
a gama do sentimento, de ponta a ponta:
"do sol estrondoso ao luar paralisado".

Depois, a nudez fria e longa
de que a louça é capaz, a carne da mulher
igual à da mãe — irmães — brotando da fechadura
e o sexo manual, proibido, sem saber quem atiça
ao certo, o seu frêmito, que vai me levar até o fim.

*

Começar o escrever era descrever.
Descrever era desmanchar o que está escrito.
O que estava à vista, parado
no pensamento, no jardim
e reescrever, de outra forma
em outra fôrma, o novo curso e rasgo.
Escrever é desespera e espera.

*

A axila agridoce semirraspada
as pontas dos cabelos prontos
prestes a virarem penugem
e suas gotículas de suor
com cheiro de borracha e sabonete
o braço que se prolonga e arrepia
ao se espreguiçar — prístino
é o prenúncio do seu sexo.

*

Nos espelhos de nós, de manhã
o pescoço, grosso de cólera

é escanhoado com gilete azul
rente à jugular saltada pela ira
enquanto em outro espelho
o menino se derrama — chora
e a mão da mulher, nervosa
erra, e prega o broche
além do vestido, na carne.

*

A casa, mesmo se não desenhada
por mão de criança
mesmo de pedra e cal, parece
trêmula, perto do morro Cara de Cão.
No quintal, no pé do Pão de Açúcar
a unha da rocha que começa a ganhar corpo
se amontanha, cresce, primária, granítica
com seu arranhar rasgado, e arrancos, rugas
protuberâncias bruscas, paradas
em direção ao pano de fundo do céu
das nuvens que não se encerram
sobre o mar cor de ferro, de chapas de aço
e continua, na calmaria, com seu rumor íngreme
cinza-escuro, encravada no chão do dia.

*

Com meus botões, no calor do jogo
como ser infalível, imparcial, sem roubo

contra mim mesmo? Como conseguir
a perfeição da absoluta alteridade
mútua, simultânea, com os dois lados
em duelo parelho, se o coração é único?
A verdade não estaria no óbvio empate
mas na vitória da surpresa genuína
quebrando a aparente harmonia das metas
da combinação simétrica dos reflexos
do medir de forças iguais acabando
na morte para valer de um ou outro time
com que jogo: alter, alternado, neutro?

*

Uma leitura ao arrepio da seda da Condessa:
a do Zorro, com sua letra cicatriz
a de Tarzã, com o cipó que engrossa a mão
a de Lupin, de Leblanc, e seu monóculo
mais poderoso que a lente de Sherlock
a da fonte de La Fontaine de fábulas, de cor
sabidas, irreparáveis como o destino
e Crusoé, ilhado, em si mesmo, tal e qual
Alice, deliciosa, Gulliver, o MINOTAURO.
Júlio Verne, cósmico, submarino
e Monteiro Lobato, na sua fazenda-modelo
usados, espremidos no instante da estante
esperam a hora, que não chegou.

*

No Cineac
antes da descoberta do Brasil
com a mãe a tiracolo
vendo o Arqueiro Verde
(um Robin Hood de segunda mão)
disparando suas flechas morais.
Depois, punhetas, colégios, lápis
a primeira caneta, poesia, pin-ups
futebol, jogo de botão e puteiros:
a sessão começa quando você chega.
Agora, no escuro, meio Zé Carioca
trocando de musa como quem
troca de camisa, não indo mais à missa
aflito, antes que o filme acabe.

*

A menina dos olhos
na menina dos meus olhos
não é minha pupila ainda.
Íris fixa no fundo do fundo
da retina, só é vista
pelo orifício da fechadura
do seu banho. O sinal preto
e molhado, não somente pela água
mas pelo estímulo do seu dedo
cada vez mais impresso
maior e manchado, machuca
a ponta do olhar extremo e cego
da carne, ao longo da pele ardida

palmeada, contra a porta
e que verte, na madeira seca
suas lágrimas grossas.

*

Subir a serra depois de fechar a casa
e cobrir os móveis, estagnando-os
sob lençóis, parecia tão definitivo
quanto na volta da casa de veraneio
a mesma operação se repetia e a tristeza
simetricamente substituía a alegria da vinda
ao fugir do calor do Rio, no cair da tarde
escaldante, onde um resto de vento
para, à beira da calmaria do mar
no hálito quente do breu do asfalto
para entrar no tempo suspenso das férias
no início da noite, em Petrópolis
refrescando-se a cada curva da estrada
tendo, à esquerda, a espera da pedra do sapo
o rápido precipício, arrepio, o Cristo
os pingos d'água do rochedo no capô do carro
o ruço em câmara lenta no para-brisa e farol
a calma paisagem de sereno e hortênsia
e os dias depois de alívio, ar livre e fresco
até chegar a hora, dois meses passados
de descer, com o verão ainda estabelecido
e escolar, pronto para a vingança.

*

A casa grande se despede, vendida.
Como não poder entrar de novo, sem a licença
de outros, estranhos, intrusos, em
território tão meu e íntimo?
Vazia, se paralisa depois da partilha.
Se possível, levar comigo algo, pelos sentidos, possuído
daquela vida encerrada, atrás do bater de portas e janelas
vinte e cinco anos depois de ser erguida:
o ar da casa, as cores dos vitrais da escada
que controlavam o sol em frente ao altar dos santos
o frescor do hall de mármore e pó de pedra cristal
mais o mar na porta, impassível no último dia.

FORMAÇÃO

Família

O telefone é de pele de tão sensível.
A qualquer momento, alteração
cérebro exposto, seu pensamento
sobre o meu, sexo oculto na escada
na mão, na boca. A qualquer momento
amor, somente. Agarra o sangue
que te pertence, o que a memória
sente e salva das cinzas. Modere a mão.
Viva escrevendo entre suplício e delícia
que tocam na mesma faixa, e a agulha
não sai do sulco, insistente, repetitiva:
filho feroz, matando o pai no segredo
do corpo — sensação de esplanada.

Sangue

Sapatos de atacar tipo "tanque"
amarrados com o cadarço grosso:
os passos duros e iguais que pisam
e repisam até gastar a sola para poder
romper com a repetição do chão
abrir o desvio no caminho, rumo
à possível falésia do próximo dia.
Que não se sabe. Viagem sem o mapa
do corpo do pai, sem sua mão pesada
e o itinerário de suas veias grossas.

Esfrega

Pega, pela primeira vez, a infância
da primeira pele com a intenção
de ampliar o raio do prazer
com a mão sem amor, calosa —
bruto tato — e sente o apelo
instintivo da inocência
na epiderme impecável, sem prega:
pura carne, primeira comunhão
no quarto familiar transtornado
pelo martírio e deleite do ultraje.

Bob

Primeiro amor fora da família.
Primeira língua que me lambeu
deliciosamente morna de desejo.
Primeiro beijo de língua, primeiro
amigo, guardião das sete chaves
de todos os segredos: dos mais
sujos ou íntimos da alma de carne.
Meu meio-irmão de outra raça
ou meu primeiro filho, inconcebível
morto aos quatorze anos.

Rigor

O ferrolho trêmulo com seu ruído
de água e dente no encaixe de pedra.
A casa aberta, à beira-mar, aguarda
minha tentativa de infância
com o corte de cabelo à máquina 2
espetado, ou à tesoura, repartido
por brilhantina inflexível, do couro ao córtex.
De camisa branca de manga comprida
engomada até ao âmago: pele suplementar
que na chuva se reforçava sob a pelerine negra
escondendo braços finos, calça curta
de suspensórios, meia com elástico severo
marcando a perna, o joelho magro
e o arremate dos sapatos pretos de amarrar.

Aliança

Mortos e enterrados, mas neles esbarro
no despenhadeiro de cada dia.
Não passam, não trocam, me atravancam
no mesmo barro que modelou o gesto
que se apodera do meu ou é a minha
mão que apanha a terra que sobrou
e vai compondo o braço, o peito, o sentimento
espalhando-se pelo corpo todo, o jeito
do amor, o rasgão da ira, a ruga, o sinal
repentino e idêntico se fixando
na pele que compartilho misturada às outras
dos corpos cobertos, apertados
que afasto com força e cuidado, para não quebrar
os dois hálitos, a respiração, os espelhos
para poder sair, me espremendo, entre as imagens
que me ordenaram, do círculo do abraço, do hábito
e do sangue, carregando o mesmo cheiro
algo da sombra e do modo, de onde parti
para ser diverso, sem perda, e continuar
a escrever, tomando a linha interrompida
da memória e da história, com outra letra.

18 de fevereiro

Dia do meu adversário.
Invisível, no início, quando
inocente, não se olha para trás
apesar de cada ano crescer
a sombra, à luz de velas
cercada de palmas vivas
que vão mudando de sentido
sub-reptícias, diminuindo o som
uma a uma, perfumando-se, frias
enquanto as chamas relutantes
se firmam e enfrentam o sopro
que perde o fôlego para o fogo.

Moto-contínuo

Comecei cedo e distante. Para escrever, despreparei-me
desesperei: escrevo sem parar, meu álibi, meu escudo
de papel, às vezes bandeira. A letra varia, louca.
Do garrancho apressado para pegar em flagrante
à caligrafia medida, meditativa. Entre uma e outra
vale-tudo — rabisco, reparo, ruína. Leio em voz alta
gravo, escuto-me sozinho. Aí, bato, copio
amasso, erro, apago, rasgo, a mão, os dactilografos, borro
o monstro, com elefantíase, apuro. Agora, digito, salvo
me perco, deleto, sem impressão. "Amanhã recomeço."

Lento

Sono
de pedra no cimento.
Barra de ferro, pesadelo
lento, parando, pesado
sobre o sonho quebradiço
de gravetos.

Os copos nas mesas de cabeceira
têm água da mesma fonte.
Os corpos separados
em quartos, não fluem
dormem na distância — tarja preta
silêncio de chuva sem chão.

Contranatura

Às voltas com o princípio do corpo.
Desde o primeiro dente, antes
de qualquer identidade assumida
começa a morder, a mastigar
a se machucar na grade defronte
na pedra, de surpresa, encruada
na terra do jardim elementar
em meio ao rumor e ao perfume
das flores, na ferrugem, que vem
de longe, carcomendo a paisagem
que vai, mesmo assim, durar mais.

Em família

Tanto amor, mas não total.
Extremo, em algum lugar
punho fechado, pronto e louco
além do soco repetido do coração.

Veia dura na testa, martelando:
cavalo, lalique, água trêmula
no copo, nota falsa no piano
desdentado na sala serena

que começa a beirar as lágrimas
em frente dos altares impassíveis
entre garfo e faca, instantâneos
fora do veludo seguro dos faqueiros.

No espelho

Por baixo da carne, meu pai
me invade. Surde, aos poucos:
nas unhas estriadas, pela veia
visível e grossa, no ventre
que não resiste, no escroto
que desprende, desprega
na pele toda que resseca
e engelha, abaixo das axilas.
No rosto, meu olhar encara
a transfusão do invasor
e ainda se confirma, à luz
do sol dos últimos dias
em dúvida se dispara ou demora
antes que me conforme.

Primeiro dia

Não provo o gosto do sangue redentor
que é admitido no verso do seu.
Espero que a ponta penetre, injetável
lentamente, e a substância circule
em granulada transfusão: outro sangue
em cima do que se retira, gota a gota
mudando a marca do corpo repentino
superpondo à senha do corpo inicial
outra mancha e amostra, vida nova, identidade
e força extra ao músculo que se adensa:
costura de natureza, construção, suor
inopinado, nesta picada aberta, surpreendente.
A sentença, "sangue do meu sangue", ainda vige?
O que se alterou, ou nunca saberemos
se será necessário fazer a dolorosa correção?
Neste dia, somos nós, apenas, ou além de você
estranho, entre a gente, um fantasma se interpôs
para cobrar, sôfrego, nosso devido amor?

Herança

Ao passar a limpo, me sujo
mas não abro mão da minha mão que se abre
sob a lente de aumento da noite.
"Menino antigo" não há em mim.
Nem seu cadáver simbólico e interno.
Há o que se empilha, inominado/inanimado
perto ou na parte mais ferida do coração
migrando para outro peito, outra vida
dentro da família e da primeira memória
mantido por um traço da alma do corpo
ainda remanescente, do tempo daqueles
espécimes, que pode acabar comigo.

Laço

O que não sei de onde veio
vem do meu pai, do pai dele
do silêncio de um, próximo
superposto ao do outro, longe.
Silêncio de retrato antigo
ouvido por quem não o conheceu
a não ser vazado através
do filho que me fez de carne
e chega ao neto, ao filho
do seu filho, e a meu filho.

Fuso

Tento acertar meu relógio
pelo seu, parado, há tanto
com o suor do pulso, seco
a pulseira de couro partida
que ainda guarda algum sal.
Pai, a certeza de sua hora
me falta, e mesmo tendo
andado, não consegui chegar
a tempo, de pegar seu passo
emparelhar-me — servir
de companhia para sempre —
e passar à descendência
os firmes compromissos
pois me perdi pelo caminho.

Cota de arquivos

para os meus

Quem os sonhará
quando meu sono
não for mais leve ou pesado
mas de madeira e terra?

Os outros seus, longínquos?
Os outros, sem pronomes possessivos
vivendo em pontos distantes
e diferentes do tempo e convívio
entre lembranças vigilantes
e oníricas?

Os de sangue, os de passagem
será que têm o mesmo peso e transmissão
nesta sobrevida de empréstimo
e por quanto podem durar?

Um dia depois do outro

Esta página expirou.
Não deu para ficar tudo claro.
Trabalho com preto e branco
em meio a sono e súbito
misturado à noite da terra.
Apodreço, alerta
cabeça alta, no sol.
O tempo pula, agulha
perceptível, nos ponteiros
dos relógios da casa incansável
cercada do dia que nasce
em alumínio severo.

Dois quartos da casa

Ciúme úmido no quarto pegajoso
pegado ao outro, com a porta
de comunicação aberta pelas vozes
deitadas. Não sei onde botar a mão
o corpo inteiro, estranho na cama
cotidiana. A bergère estofada de escuro
acolhe seu rigoroso fantasma
sua respiração e o cheiro de suor seco.
Escuto o cuco, o canto curto assustado
lá embaixo da escada sobre o chão
movediço de baratas: noite
via férrea, o exercício dos dias
aumentando sua força contra
a criatura — a cruz pregada.

No primeiro quarto de dormir

Na casa dormente, vigio-me
no sono — fora de hora, acordo
mas não me flagro nem mesmo
quando o sonho abre uma fresta, a
guarda, no espelho da porta do armário
rangente, e reflete, na réstia
de luz, o quarto ao revés:
enviesado, no seu vazio angular.

Desenho

Calçada sobre o mar
a montanha em cima
amparando o céu
que cobre a praia empenada.
Ainda perto do nascimento
a morte é monstro de fantasia
e guache, na cartolina.
Imerso na primavera
na boca do longo verão
as estações de agora não calculam
as do outono e inverno, tão longe.
O sol só se põe para esclarecer
com mais força, o dia seguinte
para interromper o brinquedo
que continua em suspenso, intacto
no ponto melhor, à espera da manhã
sem se quebrar dentro do sonho.

Batismo

Banho simétrico, quadriculado
evitando lavar as partes
tudo o que o primeiro cheiro úmido
de mulher molhou: a cara, o sabor
de fruta pisada, o perfume fundo
de adubo, o punhado do sexo, a placa
na mão e na alma, a ponta
do dedo médio, e o que ficou
grudado nos cabelos — sal, soro, suor
goma, gosto de cola, chuva e choro.

Alumbramento

Lingerie cor de carne: nua, ainda não
mas transparente, na luz do dia penetrante.
Sentimento de espera, véspera, furtivo
ao ter que te despir, de te livrar
mais de uma vez, da elástica nudez sintética
que resiste, iludindo os sentidos:
líquida, deslizante, fugitiva
de jérsei, náilon, ou seda
meio-termo entre pele e água
virada pelo avesso, com paixão e paciência
para chegar até a terra firme do corpo nu.

Mudas, mudanças

Vi as amendoeiras serem plantadas
em intervalos regulares, à beira-mar.
Antes das árvores moças, bailarinas
e do adubo com cheiro de cavalo
a aventura era pular dentro dos buracos
abertos no cimento da calçada
e depois subir na força dos braços
ralando peito e joelho na borda
no susto de se sentir um pouco
preso, ainda, no chão de criança.
Cinquenta anos depois, as amêndoas
caem, em cores litúrgicas:
vermelho-vinho, rubras, roxas
e são esmagadas pelos pneus pretos
contra o asfalto negro, para sempre.

Suspeito no quarto

Quebrando a cabeça na mesa.
O sintoma sou eu, e o corpo meu fantasma.
Gancho de sombra chumbado na parede:
preso, não se desprega, não me desacompanha —
prego — não abre a garra, com que se enterra.
Procuro no breu a cura, a tomada certa
para a entrada e fruição, para fixar-me
sem ferir-me muito, e me iluminar, tal o lustre
de cristal no teto, doendo de tão aceso.
Ouvir-me, ver-me, falar-me. O computador
não me comporta: extravaso para além
da camisa de força digital, sem me salvar
para dentro do dia que virá — verme, verruma —
e que vai ser indiferente como este:
o mar no retrovisor, o longo amor se afastando
o erro fatal na ordem natural das coisas, absorvido.
E o que uniu a vida — a princípio, no instante, depois
na estatística — e, finalmente, na cera do pesadelo.

Guardados

Certas gavetas não perdoam.
Se emperram, gemendo.
Ou quando, sob chave, a perdem
ou têm seus dentes quebrados
dentro da fechadura. Abertas
à força, o peso dos segredos
das lembranças de lágrimas
das ilusões desbotadas
justifica o gemido da madeira
e a dor da ferrugem que agarra.

Duas casas

No corpo da casa, a sala de visitas
que poucos visitavam tinha um cheiro
diferente de todos os outros. Cheiro de mar
parado, que não entrava, que ficou na vidraça
da janela, nas entranhas dos estofados.
O tempo era sem lógica e relógio:
não começava, pois ao mover-se morria
entre novo e mofo, sem intermezzo
de música e frequência. Morria nos porta-
-retratos, nas pratas enegrecidas pela insistente
maresia, de infiltração e fantasma
atravessando portas por frestas impercebidas.
A luz de cristal do lustre de estalactites
não se acendeu para a festa, sempre adiada.
De vivo, só o retrato do avô morto de olhar vítreo
que acompanhava, insone, a improvável visita
e o nicho iluminado da estátua de Cristo
de bronze, e seu rosto de marfim frio.

Na casa dos empregados, réplica reduzida
ao básico da casa grande, o cheiro era
a soma de todos os que acompanhavam a vida
nos quartos, salas, escritório e banheiros.

Vinha da roupa usada de cama, dos corpos
ocupados, e seu bafo de tempero da cozinha.
No tanque de cimento cinza chumbo
nos lavavam com sabão de pedra, nos batiam
penduravam e esticavam no quarador
na corda, no chão limpo de sol, depois do anil
antes da goma e do ferro de carvão e brasa.
Inhaca de branco e negro apertados
e escondidos na cama patente estreita
de colchão duro, de crina, lençol grosso
e cobertor bege, listrado de vermelho.
No catre, na enxerga, nos esfregávamos
suados e proibidos, em horário de trabalho
roubado, no meio do dia, que se arregaçava.

Em casa

A mesa da madrugada está posta.
Quase: ainda no esboço. Faltam dois copos
uma xícara, todas as facas e colheres.
Quem a pôs assim parou: sono, falência
desânimo. Talvez durma também inter-
rompida no linho do sonho, lá em cima.

O escuro comeu uma perna, um braço e
meio, deixou intacto o tronco, um pouco
do rosto. Na toalha da copa, no lençol
do quarto, a noite parou para o dia vir
tentando completar o trabalho e o corpo:
todo dia seguinte é a morte e a manhã.

Ao lado da cama

Meu livro na sua cabeceira se fosse
de carne crua, como os de Barrio
estaria putrefacto, com as páginas
tomadas pelos vermes. Há anos, jaz ali
sob o peso dos outros, que variam
insepulto, pronto para ser lido, devorado
noite adentro, mas ficou na expectativa
da leitura, e não encontrou o lugar certo
erecto na estante, onde descansaria em paz
e não a posteriori, deitado em gaveta anônima.
Alma penada sem epitáfio, revertida
ao pó das traças, do esquecimento
ao assim estava escrito, dito e feito.

Quintal

Caramujo, musgo, visgo úmido no muro.
Lento, lesma, por mais longe que vá
através das heras, que igualmente se alongam
vagarosas, não se afasta de casa:
rastro de prata que logo seca, à porta.
Perto de casa, não tão alta, não tão larga
nem com tantas rugas quanto as da tartaruga
tateante na terra hostil, lerda, quase pedra
a um palmo de assimilar este reino
de lajedo onde se camufla, ou do lago
onde se afunda com todo peso, coriácea.
Ou concretada a jato — pedregulho.
Ambos não se perdem nas respectivas estradas.
Defendem atrás de suas cascas, um
a parte líquida, molusca, transparente
e suas antenas. Outro, a carne branca
e fria de peixe-lagarto, os olhos lacrimosos:
não se perdem, como as lebres, não param
no tempo, embora pareçam por causa da gosma.
Mas mesmo se inertes nunca seriam alcançados
pois saíram antes, antigos.

Observatório

O sol incide, no inverno
desde que a janela se abra
sob determinado ângulo e horário
sobre o azul da maçaneta de cristal.
Demora ali, frio e fugaz
e logo está a um palmo adiante
sozinho, sem a profundidade da cor
chapado no tampo da mesa
de jacarandá preto para
apagar, num piscar, seu átomo
os pontos dourados de poeira
da microtempestade visível
só naqueles instantes, que voltará
para repetir, ano após ano
o evento acima descrito
a não ser que a janela se feche
ou se empurre a mesa um pouco
ou ainda, o ramo da árvore crescente
atravesse o exato feixe de luz.

Imagem

Coração de Jesus, imóvel
à mostra, furando a pele
o pano do hábito, certo de Deus
que veio resgatar da duvidosa
humanidade o húmus essencial
onde somos a súmula que não
se anulou na guerra entre irmãos
que continuou íntegra apesar
de toda a agrura do viver
despedaçado, que se destinou
direto ao fim, irredento
e perdura no sangue que não
escorreu, desarrumado, inútil
no esquecimento, irreparável.

Bandeira em 33 rotações

Sua voz rascante, agarrada
pelo pigarro no lado A
feita, também, dos arranhões
que o vinil vai ganhando
sob o ir e vir da agulha
a cada escuta, em seus sulcos
na vitrola adolescente: arranhões
também irradiados dos poemas
acre-doces, sentidos, e apesar
de todos os riscos — nítidos
profundamente — logo decorados
enquanto no lado B, CDA, mudo
aguarda a vez com sua voz súbita.

Cara a cara

Debruçado sobre Drummond
sinto seu hálito de terra
o gosto de ferro na saliva.
Aos 15, se meu rosto de manhã
desentranhado da confusa
noite adolescente tem espinhas
implacáveis de pus, o dele
escanhoado desde cedo
tem a face azulada, sem marca
na carne de mármore
de funcionário cadavérico
que funciona enguiçado.

Machuco meu beijo, meu desejo
nesta estátua pálida no seu nicho.
Quero encostar meu rosto, minha reza
no rosto que recua
com asco da purulência.
Tento esfriar minha acne
que queima, no ardor íntimo
de carrara: frígido, morto
vivo sem escaras, de olhar vidrado.

Procuro ler além do que escreve
do que subsiste sugerido
e por mais sujo que seja quero
fugir e ficar com o rosto igual
mas tenho que apostar na espera
acalmar o alvoroço
da minha cara escalavrada
até que o tempo pare e comece
a corroer a pedra impecável da cara
que me afronta, sem a certeza
de alcançar o dia imaculado
por tamanha lisura e perfeição.

Maxilar

Para sua escrita estatística
João Cabral gostava de números pares
mas era ímpar. Gostava do 4
mais das quinas do que da sua conta redonda.
Talvez, mesmo sem saber claro
preferisse o 5, feito de ângulo e gancho.
Em disco, sua voz era didática
ou de quem fala com o cuidado
daqueles que usam dentadura nova.
À mesa, o feijão cabralino
estava mais para a dureza do grão
do que para o sabor, e o pegajoso
do chiclete, que João provava
com mordiscar e meditação bergsoniana
aqui reaparece, com substância
de teor ginasial — absorta, repetitiva
mastigada pelos dentes possíveis
prestes a doerem, sem remédio
ilustre: só cera de Dr. Lustosa
isenta de metafísica e filosofia.
Tira de goma mascada até perder
todo o açúcar e virar borracha no cuspe
que acaba apagando a lembrança do mordido

do meditado, além de parar o tempo que passa.
Palavra-puxa-palavra, na prática:
sempre as mesmas vinte, agora se esticando
na gagueira do pensamento, do paladar
no ato de dizer, no de escrever sem saliva.

"Roçzeiral"

Rosas farpadas incorporam
aos espinhos, o arame, no fogaréu
do canteiro. O lutador, que as escolhe
ao pegar na palavra, ao pedir a palavra
se fere, e despedaça o frágil perfume
concentrado nos seus botões ferozes.
Este é o fecho da luta corporal
entre quem escreve e quem lê
o livro-bomba, que sempre explode
na cara de quem o abre e folheia.

Graça

O manuscrito é a sua cara:
carregado de rasuras, de rugas
de expressão, que vincam o papel.
Aprende a escrever diariamente:
ginástica matinal, exercício, caligrafia.
Cada linha se tortura, e ao se emendar
calca a palavra renegada, sepulta
debaixo do traço espesso de tinta preta
marcando a barra do pensamento.
Raro cabelo repartido com rigor
barba, sem carinho, escanhoada
cigarro eterno entre os dedos
cenho fechado, boca de rasgo fino
com seu perfil agreste, aquilino
sobre a folha que a letra costura
e amarra as sentenças e o rosto
atrás dos óculos de aro escuro.

K

> *A letra inapelada*
> *que exprime tudo, e é nada.*
>
> CDA

1ª versão

Sentença A rigor, sua letra não entra
no meu alfabeto oficial.
E, portanto, não se escreve
a que está no começo
e no fim do seu sobrenome.
A que nomeia dois personagens
seus, de biotipo idêntico
(ao seu também), com o mesmo
traço, na mesma ginástica
flagrada no próprio gráfico
da letra banida e apagada.

Confissão Este cá me fica, maiúsculo.
No meu abecedário íntimo
com a marca do seu risco.
Fácil de fazer, de pichar
rápido, em qualquer página
na pedra de qualquer muro
a cifra da sua esgrima e enigma:
três talhos no mesmo gesto.
E com as letras que sobraram
na sombra do nome desfeito
o afã de sua cicatriz e apelo.

K

> *A letra inapelada*
> *que exprime tudo, e é nada.*
>
> CDA

2ª versão

Sentença Depois de muito debate
de entra-e-sai, sua letra
inscreve-se no alfabeto oficial.
A que está no começo
e no fim do sobrenome.
A que nomeia dois personagens
seus, de biotipo idêntico
(ao seu também), com o mesmo
traço, na mesma ginástica
flagrada no próprio gráfico
da letra controversa, de pouco uso.

Confissão Este K me fica, enfim, maiúsculo.
No meu abecedário íntimo
com a marca do seu risco.
Fácil de fazer, de pichar
rápido, em qualquer página
na pedra de qualquer muro
a cifra da sua esgrima e enigma:
três talhos no mesmo gesto.
E com as letras que sobraram
na sombra do nome oculto
o afã de sua cicatriz e apelo.

Riviera

para Rodrigo

Acossado, no subsolo, pelo gesto gratuito
preso na cadeira durante duas sessões
sob o pulso entrecortado do crime e do amor
livre, errático, debaixo do lençol
e da morte, disparada na rua:
Traído! Denunciado! Entregue!
Atingido nas costas, correndo até cair no asfalto
de cara para o céu e para o rosto do anjo delator
distante, indiferente, americano
(que já olha para mim, espectador, surpreso)
xingado, com desdém, no fim do sopro da vida
pela boca quebrada por desgosto e nojo
mas sem abandonar o sestro, o estilo imitado
made in usa, de passar o polegar sobre os lábios.

Imprensa

Paro para pensar. Parar de pensar
sobre o pensamento arrastado
se machucando, que não para
com o corpo atrás, que se esfacela.
Ruas ásperas, cortadas por outras:
asfalto bruto, esquinas, lataria
meios-fios desdentados, lancinantes
que se irradiam por quilômetros
de piso ruim, irritado por buraco
pobreza, acne, suor ardido e sujo
nas explosões nuas do tórax e bíceps
na raiva dos cabelos irados, nas caras
urgentes que se metem, descascadas
nos rádios, tevês, em tabloides dolorosos.

Conversation piece

Não consigo parar de esquecer.
Casa de campo em dia cinza
os óculos escuros não tinham por quê.
A não ser para ocultar a marca do soco
do susto, da porrada no belo rosto
de camafeu e pelúcia no meio da confissão
insuportável, molhada de suor
cercada pela gravidez cega, não querida.

Meu mal-estar transtornava a casa
revirava a cama, nauseado de mim
de você, da outra, dos filhos nossos
abandonados no chão, às voltas
com os próprios vômitos, e do outro
de botas, para intimidar a fraqueza
da reação necessária, à beira da piscina
serrana, plácida e fria, sem arrepios.

Me lembro, logo, não do ultimato
mas das migalhas, da formiga mínima
que andava no chão daquele dia
e depois do olhar desembainhado, a custo
não querendo ver a verdade, no entanto

exigindo-a, gritando de medo de escutá-la
da peçonha da minha língua, porém excitado
de saber que sim, embora suplicasse por um não
por um engano, que ela me chupava
para depois beijá-lo, com a pureza lambuzada
transferindo o meu gosto para sua boca.

Como não sentir na hora, o cheiro de cola estragada
azeda e grudenta, de água sanitária e ostra
e perguntar depois, sumário, por aquilo, X-Tudo
por aquela serpente de gosma, goma e desejo
cultivada com carinho, visgo e astúcia ferozes
que levou tanto tempo crescendo, se enroscando
traiçoeira e má, sob seu nariz, nos seus cornos?

Greta, grama, chapa quente
ar de perigo — lentíssimo.
Vou ao encontro, fervendo
fechado em copas, mãos para trás
atento a sua mão escusa — esquiva
ameaça — metida no bolso esquerdo
inchando o volume do pau inócuo:
revólver anunciado, mas não visto
pulsante, úmido, e a minha cara parada.

Castigo

Nunca sei a hora certa de apagar a luz
de cair na cama e no sono, de rever
mais uma vez o relógio, o fantasma do gás
preso na pressão do encanamento
e as voltas das chaves nas fechaduras.
De calar a dúvida acerca de tantas
coisas que têm que estar dominadas
no conjunto escuro, absurdo, de palavras
em acúmulo no desvão do escritório confuso:
cavalos azuis de tão velozes, e outros
chistes e chicotes, que ainda não controlo
de cabo a rabo, para que eu possa
então, fechar os olhos em paz
"com cada coisa em seu lugar", nesta
pobre "habilitação para noite", nº 2.

Hiato

Amor de mãe, amor de hérnia
que mesmo distante, mesmo morto
é herança que atravessa o intervalo
com seus tentáculos e tentativas
de aranha, tantalizante, e agarra, prende
por dentro: morrerá comigo, furioso.
Fiel tatuagem imune ao tempo de origem.

Trilha

Parto, o corpo não me comporta.
Do prudente vaso brisé — metáfora
inesquecível do poema antigo — caco
por caco, colado da, e na memória
ao vazo incontinenti de agora
da perpétua fuga final do corpo
que não se recompõe, não se comporta.

No quarto escuro

Dormir é um fardo, um esforço
que envolve peso — pedra, tora
se aplicam ao sono — ao treinamento
compulsório, de todo dia
para a morte, disfarçado, (in)
confessável, às claras, mas quando
as dobradiças das portas da noite
se fecham, o sono pode ser de chumbo
para imitá-las melhor — condensado
pesadelo imóvel que não passa —
sem a possibilidade de que algo leve
venha preencher o volume do fardo
que caiu logo na primeira linha, como
as penas, os sonhos, com o ar da manhã.

Soturno

Ponto de fuga, minha primeira
cama de onde caí: queda tão curta
porém abissal, quando terminará?
Nesta, de hoje, no seu colchão surrado
que já tem o molde do corpo, defeituoso
depois de mil e uma noites sem história
ou em outra, efêmera, de hospital
de hotel, inesperadas, anônimas
de sonos e rangidos recauchutados?

Escrito imediatamente depois de ler,
no Ponto de fuga, *de Jorge Coli, "Serviço de quarto".*

Solo

Escrever a partir da coreografia
difícil imposta pelo pensamento
do corpo: em pé, pisando firme.
Curvo, amparado no sofá ofegante.
Sentado na cadeira de pau, de pregos
elétrica, com o Aurélio no colo
e o vocabulário do Houaiss, profuso
— boca escancarada, sibilando
pelos cotovelos sua sinonímia —
na mesa, onde se disseca a musa.

Escritório irritante

Não acho nada, nem o que não
procuro, nenhum livro se abre
e os que se abrem, raivosos
não prestam para o momento.

Se apertam nas estantes, se
embaralham, fora de ordem
se precipitam, suicidas
mortos, amarrotados, muitos.

Não os lerei mais, morri
com eles, minhas marcas
no pó das passadas páginas

se desbotam, os personagens
idem, a flor no papel de poema
se fecha, furada por traças.

Nas bodas de prata
de lei da sua morte

pensando na Ana

A intimidade da sua morte pública
espetacular, com a cortina aberta
marcou minha vida funcionária.
Nunca pensei que me acontecesse
alguma coisa assim — selvagem —
tão próxima, ou que fosse possível
a alguém, contida, mas em guarda
desatar-se no espelho, de uma vez
e partisse para o ataque a si mesmo
através de dias de decididos suicídios:
primeiro, em narcótico mar, depois
corte! para o abismo da queda livre
traduzindo, à sua maneira, o tumulto
do tempo no qual viveu, de modo
perfeito, fidedigno, sensacional.

Antiquário

Mil folhas. Mesmo em algumas das mais
passadas, um pouco do sabor, um risco
de doçura e amargo, é remanescente.
Anamnésia construída pelo fato
e pela imaginação: vai do anátema
ao enaltecimento, expressos em alta voz
até ao murmúrio cifrado no coração.
O acervo de uma vida se dispersará
depois que ela parar: alguma coisa
aqui, nesta casa, para lembrar quem se foi
fica, sem roubo nem degradação, sobrando.
O resto, espalhado na desordem dos arquivos
dos sebos e brechós, nós desfeitos
na mudança para lugar nenhum
perdido no limbo, reciclável em outro corpo
e destino, longe do clamor da hora
cada vez mais afastado do limiar original
da montagem do dia, à margem do relógio
rasgado por mãos alheias, posto fora
o sonho, que se açucara, perde o gosto, e fere.

Gravador

I

Sua voz velháspera, mãe, pigarra.
Gravo tudo, escondido. Espio você
não posso deixar que sua dureza derreta.
Quero reter o desmanche do doce
que trouxe para seu aniversário, em março de 91.
Diante do seu torpor, na mesa da copa
sou torpe, ao agir assim, traiçoeiro, vingativo.
Prevendo o desperdício da doçura, o não
convicto, a pior acolhida à minha oferta
registro a prova da dor de nós dois:
lhe mostrei o filho em gestação delicada
que se travestiu em flecha, ricocheteando
nos dois corações postos na mesa, adversários.

II

Agora, tudo o que de vivo tenho de seu
é essa voz grampeada, árdua
resistente à boa-nova, irredutível
repetindo, sem parar, o não rouco
cada vez mais roufenho, não somente
pela convicção mas, também, pelo tempo

que se obstina a magoar-me, mais e mais.
Praga, prego martelado, sem prece
que me livre, mesmo com o mar à mão, mãe
não posso afogá-la, pois embora maligna
sua fala é o que resta e fica de você
— viva — vibrando no ar, insistente, íntegra
já que seu rosto desanda na memória.

Pelo retrovisor

Escrevo de costas para a família
defronte do espelho
que a reflete, e a mim, sua extensão
e consequência.

Descrevo a avó, de luto permanente
e sua dor uniformizada em vestidos básicos
que se sucederam, iguais, até a sua morte.
Nenhuma joia, a não ser a pulseira de ouro
sem nenhum lavor, mais algema que enfeite.
O avô era seu repetido suspiro fundo.

A mãe e o pai: ela nítida, ele nebuloso
o primo mais velho, impecável e duro
e sua irmã, idem, ibidem, e seus boletins
tão esplêndidos que pareciam falsos.

E os tios, em trânsito, acavalados
num entra-e-sai, tal como o primo
à parte, que chegava, aos domingos
para o almoço, por obrigação.

Por fim, eu: magro, gago, nervoso
coberto de sardas, espinhas e cacoetes.
Aluno faltoso, tendo que ser levado
para a escola, aos arrastões, dado a gritos
vômitos, vertigens, surtos de insônia e suor
com medo de sair para o quintal e matar
pisando, sem querer (?) as formigas
debaixo de verões aterradores, morto de calor.

Lavagem

Imerso na banheira de água da idade.
O possível pedaço de oceano sonhado
de água fragorosa, de linfa prometida
desilude-se e nem tenta transbordar.
Água usada que não dura nem perfura.
Tampouco, escoa: para, não chega
à vida interior densa e atribulada
do pântano, nem passa, idêntica, dia
a dia, na linha, no estilo de rio.
Sempre foi assim esta água, curta
ou foi fantasiada, ou fantasiava-se
de profundidade e longo curso?
Ou sempre foi água rasa, no fundo?

Sonho repetente

Dentro do corpo da casa, dentro do corpo
na grade dos dias, a programação não muda.
Acordar rançoso, preso no terror de ser eu
descobrindo a porção de Crumb em mim:
mulheres desenhadas pelo desejo e mão maníaca
de impuro músculo, peludas — matagal à vista
com seu odor e rumor de fervura e tortura.
Prova que me prova, mastigo a questão dolorosa
com a ponta dos sisos oclusos, que exige solução
dentro de um tempo determinado pelos algozes.
Fujo, busco o transporte depois de ser despedido
despido de minha identidade: insolúvel, soluçante
cercado de competidores internos respirando
o mesmo ar na sala apertada por carteiras
e cotovelos a um palmo. Não sei quase nada
do que me solicitam, e sofro em cima da mesa
onde trabalho, estudo, como e durmo, reprovado.
Mãos postas no claustro, fóbico, entre breu
oração e bronha, me suplicio — sem mais.

NUMERAL

66

A tinta que molha a pena é de pincel
a paisagem sai com verniz idêntico
às variações de luz — montanha, céu, pôr do sol
amanhecer no mar. Reproduz o upgrade e o dégradé
das amendoeiras que anunciam estações distantes
no mesmo espaço-tempo.
À tinta de caneta, é difícil flagrar este entretom
que, uma vez escrito, não se descreveria.

17 VII 2004

67

Escudo incompreensível
pois se reveste com a emoção da pele.
Sem dor, não se cederia à ilusão
de conter a conspiração do corpo
cada dia, contra si próprio
no quarto de guerra por onde escoa
onde o espelho o pega, remoendo
a pérola brusca da desentranhada manhã:
Mar Monstro, Pão de Açúcar de angústia
que sobe, atrás da casa, da cama
ainda sem pedra, ainda sonho.

5 VIII 2004

68

Entrar depressa no que se escreve
e sair, expulso, sujo, sem lavar as mãos
sem lustrar nada, úmido de alma
de coração escuro, contrariando
o verso ilustre, mas capaz de iluminar
o poema com a claridade embaçada
de uma ou duas águas mais ambíguas.

31 VIII 2004

69

pensamento lento
socorro de uma imagem
para ilustrar a sensação
no contracampo — cobra se movendo
se enrolando se desenrolando se

pegada peçonhenta pegajosa
reage gruda dentro
do mesmo músculo do mesmo espasmo
defesa e ataque até
    [que a presa

7 X 2004

70

Bloco de imagens amarrado
por nó cego: a cobra anterior
serpenteia contra a mão
que a criou, na iminência
da mordida que virá — fatal.
Prestes a doer, o pensamento
se ergue, sibilando, silabando.
O que foi escrito até aqui
só deu conta do que está à flor
e não na sombra que o texto
lançou, com o poema camuflado
ainda invisível ou longe.

12 X 2004

71

Poesia pressupõe algum
índice de criptografia
— repentino, aleatório —
feito com os elementos
do pensamento, da natureza:
devaneio e nuvem, conjugados
sonho e suor sem controles
dos sistemas e do desejo.

A mão acaba por dissipar
a batida do pulso pelos
dedos, afinados. Atrás

no punho fechado, o som
é rombudo, carga de sangue
animal, êmbolo, vulto
à espera do leitor, do lince
que vai destrinchar — ver —
o cálculo, a variável.

18 X 2004

72

*para Cri e para mim
diante da praia de Manguinhos*

Mesmo para os que nadam
é de tirar o fôlego seu mar aberto
sob o dia espetacular.
Perfeito, parece uma foto retocada
com direito a vento, o que não cabe
neste meio, que encaminha a impressão
para o celuloide, película, filme.
Mas a sensibilidade não se move
da primeira posição — retrato parado
de digital nitidez, tendo algo em movimento
que se não pode ser o vento em si
capta alguma coisa do seu ambiente
de ar e estrutura: talvez, tempo.

18 I 2005

73

Dias de parcimônia, de sol difícil, preso
na armadilha íntima e infalível
do corpo elástico e complacente da natureza
de traiçoeira lógica, em conflito
com o firme e insubmisso suspiro do espírito
assistindo o fim, o cair da tarde inimitável
pois como imaginar algo igual em concentração
e esforço, com a beleza daí derivada, pronta
para o sacrifício gradual, no infinito?

14 III 2005

74

depois de uma conversa
telefônica com Adolfo

Repisar o chão duro, muito batido
para que a trilha não esfarinhe
quando, com falta de vento, a paisagem
não passa. Preferir ferir a mesma ferida
a ideia idêntica, repetida, do disco arranhado
da volta do parafuso parecendo igual à primeira
mas que sempre se pode apertar mais um pouco
o que não acontece com quem torce a chave
que está e se gasta, no meio do touro, na terra.

30 III 2005

75

Em que número for, será brusco.
Contagem interrompida, neste pulso
mas nos outros, os relógios continuam
regressivos sempre, se bem interpretados.
Os mostradores marcam, epidérmicos
e ilusórios, manhãs, tardes, a alta noite
e não o que corre, disfarçado
por debaixo do vidro da lente inútil:
em vez do tempo dinâmico, de sonho
da utopia, a meticulosa hora da autópsia.

7 IV 2005

76

Sono mudo, de morto, em *Sleep*, de Warhol
diferente deste, nos intervalos do martelo:
sem mistério inicial, interrompido pela obra
externa, que derruba ferro e alicerce
e que se transformou num piscar
na obra do pensamento, sobressaltada
com a repetida demolição do sonho
arrancando o mesmo corpo consecutivo
da bênção, da imersão, da imitação da morte.

30 IV 2005

77
para Cri

Um aro
de doçura
constrange, até arranhar
a expansão da vida.
Os dias que a compõem
acabam por partir
muito antes do fim
a desprevenida aliança.

Partir, mas não perder
a predisposição original
consiste em anular
a agrura do rompimento
usando palavra semelhante
na figuração do sentido
não sujeita a tal acidente
migrando do quase visível
ao por um triz invisível:
um halo.

10 VI 2005

78

O manuscrito passado à máquina
não perde os dedos, perde a mão
o pulso, a gramatura da alma
a natação do corpo, a sombra
do mundo, atrás da luz e de tudo?

Registra, mas não se molha
na revolta diária do mar
que a praia apara, nem se queima
na chapa do sol que o verão
aparafusou no calor da sua luz.

Caligrafia e impressão caminham
cada qual por um trilho e têm
perdas diferentes e paralelas:
uma no começo, outra no fim.
A primeira, porque rascunha.
A segunda, porque termina.
Ambas visam reunir-se no engano
da representação completa:
no gosto da ilusão do horizonte.

2 VII 2005

79

O corpo injusto
conta os dias numerados
que não se nomeiam mais.
Conspiração de nuvens
contra o sol esplêndido
que já perdeu a manhã
avança pela tarde
apressando a chegada
da noite, cedo.

28 VII 2005

80

Moto-contínuo de palavras
movido a verbetes de a a z.
Nessa ordem, vai da letra pura
à(s) palavra(s) toda(s) ou quase.
Uma por uma, uma por outra
abrindo significados em desordem
e cenários sucessivos, repletos
mas sem sequência, empilhados
(esperando que o pensamento
os passe em revista, os arrume
com lógica, ainda que louca)
numa espécie de arquivo, máquina
do mundo, de qualquer natureza
de sinônimos e antônimos, estes
em espelho adversário, irrepetente.
Moto-perpétuo, de dicção nua e crua
capta a fala, escrita e escarrada, a frio
e transforma em trabalho sem fim
todo o élan recebido, e através do tempo
da respiração dos escribas, na margem
do fluxo da existência, cola, copia, soma
com mínimos acréscimos, à primeira
vista, no dia a dia, novos destinos
em edições aumentadas que alargam
o tomo, o horizonte, a rua, o termo
o número de linhas desta engrenagem
seca, dura, dilatada, estendida
além da conta e limite, que propaga

e desaperta os sentidos e paisagens
da vida — conjunto de hábitos, regras
expansão do organismo que até
o declínio, replica, condensado e mutante
funções, sistemas, fases, interfaces
maneiras de dizer e ler o repertório
de espécies múltiplas e figuradas
(a vida útil de uma aeronave e do olhar
de uma lagoa que a reflete, p/ ex.)
via impulso do alfabeto, do sopro do espírito
e do corpo, "em estado de dicionário".

18 VIII 2005

81

O céu surge igual ao deserto
insuportável — limpo de nuvens —
ilustrações costumeiras do vento
que o atravessa, parado, como o sol.
E quando se pensa, neste descoberto
que o que se pensa pode ser abrigo
e ter o peso e a sugestão da sombra
ao se pensar perto, se vê sua natureza
similar ao vulto, da pedra insugerível
de que talvez seja parte ou metade.

12 IX 2005

82

para Maria

Ninguém adia o destino
feito de deuses e acasos imponderáveis.
Cada um tem partes do outro
mas podem dissentir, sentir
por si só, mesmo siameses?
Sim. Mas quem detém o outro, dissonante
quando não forem uníssonos?
O divergente será discernível, nervo
por nervo, ou não, nem para ambos?

18 X 2005

83

O espasmo da orquídea drummondiana
infensa à geometria dos nascimentos florais
à ordem ou programa de acesso às cores e espécies
só permitindo o inaudível afã da flor formando-se
prefere ejacular-se: mancha, creme, nata
que esfria na palma da mão — gozando aberta
no ar, ao tempo, em puro desperdício e visgo.

17 XI 2005

84

Acaso construído pelo desejo
acaso manterá o mesmo teor
imprevisível — a ave repentina
alcançada pela bala, o incalculável

acidente do carro e do avião
a nudez do corpo nunca visto assim
entreaberta pela porta
ou terá o ruído, o sabor déjà vu
coincidência que se dá em duplicata
subconsciente, e jamais se explica
ou se prova, lúcida, pois exposta
à luz, esquadrinhada, foge
dos cinco, e até do sexto sentido?

                                                    11 XII 2005

85

O raso da infância vai até o raro abismo
que quando se abrir será de uma vez.
Entre a superfície lisa, didática
e a queda curta, dentro da agrura da terra
algumas escadas altas, desníveis agudos
e memória nenhuma destas alterações
no território que se cumpriu inteiro
em lotes iguais, que guardaram
a ilusão de serem maiores ou diferentes
mas foram medidos pelo mesmo palmo
que acabou abarcando área idêntica:
o total da vida, e uma pista do post-mortem.

                                                  26 I 2006

86

Estilo é o que tem ponta.
Estilete que corta com um lado
e acerta, quando se excede
com o outro. Na cera do tempo
que endurece para ganhar
a pedra definida, o papel
definitivo, passa por variações
de intenção e temperatura
até chegar à luz dos olhos
de quem não sabe ao certo, através
dos séculos, quem firmou primeiro
aquilo, que nos desconcerta.

7 VI 2006

87

A sombra foi a primeira máquina no começo
do tempo — livre invenção da natureza.
Ali está o negro corpo, tim-tim por tim-tim
chapado, na parede, no chão de terra
em qualquer superfície, mesmo quebrada
a figura opaca, ainda sem profundidade
e transparência, primeiro dado lançado
que já se recordava, ao sair de si.
Se recortava da paisagem indiferente
para a análise, a olho nu, construindo
a partir da iluminação do sol seu resultado
inicial, que diferia da trêmula imagem na água

por ser exata, anônima — pela sugestão
ou mergulho na aventura do avesso, sujeito
oculto, outro, descoberto, no escuro rumor
do escrutínio, no começo da cogitação e apuro.
Que vieram, pé ante pé, através da pegada
digital da mancha, incorporando correções
acréscimos de informação no código reparado
que absorvia a emenda sem deixar pistas
desde o pensamento mais íntimo ao gesto comum
da espécie de qualquer reino: cabeça, tronco
membros esquartejados para exame na página expirada
sem aviso prévio do destino, que parava, então
o cursor no meio do caminho — pedra para sempre
escrita, repetidamente impressa, incontornável
incógnita, meteorito sem mensagem, perdido.
Último sinal, impossível de ser salvo, quando a luz falta
na instalação, e nenhuma máquina ou ciência
explica a pane, o interrupto momento do mundo
do desastre da engrenagem, da vida útil que era tão certa.

31 VII 2006

88

Pedra, éthos, et cetera etc., incerta
vez topei com a sua surpresa presa:
pedra bruta, tipo cda, imprestável
p/ construção, nenhum mestre de obra
a quer, pois fere e arranha a mão
mesmo a do serviço duro, que prefere
a outra — pedra de rio, seixo, educada

marca Cabral de Melo, que tem alguma
cacofonia, mas é útil, se presta ao uso.

12 VIII 2006

89

O tempo não perdoa
nem o mármore da beleza
e despedaça deuses desde os gregos
que quedam amputados pelo esquartejador
indiferente — torsos retorcidos na graça
no esforço do apuro/da dor, caras
carcomidas de passagem, asa cortada
mas ainda sugerida, em plena velocidade
no lento desastre da contemplação

Sem complacência
só os corpos sob as túnicas plissadas
pelo vento feito à mão
sustentam a forma olímpica.
À vista, em primeiro plano
a pele nua implacável das estátuas
condenadas à perfeição
se corrompe, e elas morrem outra vez, sempre
seculares, ao ar livre do olhar

1 IX 2006/ 4 IX 2006

90

> *Esta rosa é definitiva,*
> *ainda que pobre.*
>
> CDA
>
> *para Vagner*

Rosa rigorosa, resistente
ao amor, não se declina.
Avisa, em segredo, sua floração
acesa, silente, em cima do portal.
Sub-rosa, recusa-se às próprias
imagens enumeradas
em solenes orações: não exala
embora permaneça aberta
ao tempo, sem a graça mística
natural, no trono de rainha.
Fica, mas não ecoa infinita.
Antigertrudiana, não se entrega
ao repertório da beleza — para
no peitoril ferido, não evoca
nem se sublima — queda —
circunscrita, presa só
ao nome, cega à sinonímia
e a qualquer atribuição nobre:
substantivo, fem., dissílabo.

9 IX 2006

91

Escrever engenheiro, com o engenho
atrás, rangendo na rede aberta
através da dor do quebra-cabeça
arquitético: de olho, na assepsia
da planta, mas com a mão
no canteiro de obras da cabra
nos cemitérios antimarinhos
no rio cachorrento, na vida franzina
no canavial de facas, no mar
medido a palmo, saindo do risco
do poema, por um triz valeryano
"como quem lava as mãos", do mangue
das fezes, do sujo, de si para si.
Ou então, e talvez melhor:
ver este engenho condensado de agora
através do cheiro do açúcar queimando
mais cortante do que a cana
porque mais pungente, porque parece fingir
(para melhor guardar o segredo de fábrica?)
que o que se faz aqui, quando a roda
gira no vazio do espaço, com ar de sonho
é apenas esgarçar o algodão-doce, e não a magia
de formar a nuvem do poema ainda em branco
do nada, da máquina, do escuro azul da chama.

2 X 2006

92

para Camillo

Conte até dormir
sem pular nenhum número
um a um, conte
sem contar com coisa
alguma, em silêncio
conte o que sente, conta
por conta, o suicídio
de cada algarismo
a desoras, não desista
continue a contar até o fim
o conto íntimo do seu dia
até dormir, dormente
a noite inteira, e perder
de uma vez, a hora de acordar.

16 X 2006

93

Com quantos toques este poema
se cumpre? Os espaços contam?
Como disfarçar os tiques que
vão surgir entre os caracteres?
Quantas linhas será preciso
preencher para alcançar quem
o lê? E desses toques quais serão
aqueles que vão tocar mais fundo
e os outros tantos que vão, apenas
roçar a sensibilidade debruçada

sobre este texto, esta tentativa
de cooptar, de raptar toda
a atenção, para depois comover
ferir até, provocando lágrima?

                                                                         31 X 2006

94

Contra o rosto que o espelho paralisa.
Contra o tempo que o acelera
sob sol retumbante ou árido luar
que areia a pedra do pátio e marmoriza o mar.
Encontro, esbarro, entre as paredes
com trações opostas. Não opto, não
consigo dividir-me, a fim de continuar
embora não pare em nenhuma posição.
Movo-me sob a pele, oculto. Não uso
a sombra do duplo, nem desentranho o outro.
Me tomo puro, dado por dado, singular
sem dobradiça, desferindo-me
durante a velocidade da ferida:
repetido mote, glosa, aglomerado.

                                                                         9 XI 2006

95

No comentário aberto sobre a orquídea
equidistante da vida e da morte
aparentemente sem índices, objeto puro
em plena função, na sala de estar
descrevo seu comportamento e ilusão:

sem início, sem fim, sem fragrância.
E que tem o mesmo estatuto extático
do relógio-carrilhão, sem corda.
E do relógio-desenho, no quadro
atrás do vidro, preso na parede.
A hora é sempre a mesma, em um e outro
e somente, por um minuto, quatro vezes
ao dia, tem a esperança de viver de verdade.
A flor, antena apurada pelo ar, se insinua
na tentativa de escapar do fenecimento
neste espaço, imitando uma natureza-morta
deixa até de imaginar o vento
abolindo a mais leve mímica da pétala
ou o menor mover de dedo no calado
do seu caule; apenas um pouco de água
medida à régua, mata a sede disfarçada
e tem mínimo movimento na terra imóvel:
logo bebida, de um só gole, em silêncio
de múmia, na conta certa para sustentá-la
na haste e na arte de parecer artificial.

24 XI 2006

96

Não é para guardar: é para lembrar
por alto, onde as nuvens coincidem.

7 I 2007

97

O processo do castelo
tem muitas páginas.
Nas linhas das estantes
altas, livros de ficção
à chave, fechados
nas encadernações de fachada
indecifráveis, mesmo
no breu em branco
do braille, para o tato
pressuroso dos cegos.

Não são feitos para
serem lidos, mas escritos
reescritos, sempre
inacabados, valem
pelo peso da latência
do que contém em cada
tomo, que sela
a prateleira toda
que toma e abala
o leitor impossível, cego.

21 I 2007

98

A hera parece esperar
porém, pé ante pé
prospera sobre a pedra.
Esta, parada para sempre
em cima da terra, cinza

tumular, é coberta pela força
vegetálica de sua cota verdeviva
que tenta segurar o pulso
pesado e mineral, com seu palmo
antes de desistir, e secar.

9 II 2007

99

Depois de tanto uso e intimidade
repor o amor no coração do corpo.
Dentro da casa de ferramentas inúteis
onde as portas batem, a luz queimou
e o jardim se cresta, enferrujado e mau
sem pedir o socorro de um pouco de água.
Sol e cerco. A defesa do dia se cumpriu
até a noite chegar e cair, rochosa.

25 II 2007

100

Da casa dos três dígitos
não saio mais. Trinco.
Dia após dia de prisão
na cidade em carne viva.
Entre em si para sempre:
tendo de seu, apenas, o bodum
ranzinza do corpo
que vai se resignando
a não perseguir o inominável
nem a se persignar.

4 III 2007

Do autor:

POESIA

Palavra, edição particular, Rio de Janeiro, 1963.
Dual, poemas-práxis, edição particular, Rio de Janeiro, 1966.
Marca registrada, poemas-práxis, Editora Pongetti, Rio de Janeiro, 1970.
De corpo presente, edição particular, Rio de Janeiro, 1975.
Mademoiselle Furta-Cor, com litografias de Rubens Gerchman, edição composta e impressa manualmente por Cléber Teixeira, Editora Noa Noa, Florianópolis, 1977.
À mão livre, Editora Nova Fronteira, Rio de Janeiro, 1979.
longa vida, Editora Nova Fronteira, Rio de Janeiro, 1982.
A meia voz a meia luz, edição particular, Rio de Janeiro, 1982.
3x4, Editora Nova Fronteira, Rio de Janeiro, 1985.
Paissandu Hotel, projeto gráfico de Salvador Monteiro, edição fora do comércio, Rio de Janeiro, 1986.
De cor, Editora Nova Fronteira, Rio de Janeiro, 1988.
Cabeça de homem, Editora Nova Fronteira, Rio de Janeiro, 1991.
Números anônimos, Editora Nova Fronteira, Rio de Janeiro, 1994.
Dois dias de verão, com Carlito Azevedo e ilustrações de Artur Barrio, Sette Letras, Rio de Janeiro, 1995.
Cadernos de Literatura 3, com Adolfo Montejo Navas, Impressões do Brasil, Rio de Janeiro, 1996.
Duplo cego, Editora Nova Fronteira, Rio de Janeiro, 1997.
Erótica, com gravuras de Marcelo Frazão, Editora Velocípede, Rio de Janeiro, 1999.
Fio terra, Editora Nova Fronteira, Rio de Janeiro, 2000.

3 tigres, com Vladimir Freire, edição particular, Rio de Janeiro, 2001.

Sol e carroceria, com serigrafias de Anna Letycia, Editora Lithos, Rio de Janeiro, 2001.

Máquina de escrever — poesia reunida e revista, Editora Nova Fronteira, Rio de Janeiro, 2003.

Tríptico, com arte gráfica de André Luiz Pinto, .doc edições, Rio de Janeiro, 2004.

Trailer de Raro mar, plaquete composta por Ronald Polito, Espectro Editorial [Rio de Janeiro], 2004.

Raro mar, Companhia das Letras, São Paulo, 2006.

Para este papel, realização de Sergio Liuzzi com acabamento de Paulo Esteves, Rio de Janeiro, 2007.

Tercetos na máquina, plaquete composta por Ronald Polito, Espectro Editorial, São Paulo, 2007.

Sol e carroceria, edição xerocada, a partir do álbum lançado em 2001 com serigrafias de Anna Letycia, realizada por Sergio Liuzzi, Rio de Janeiro, 2008.

Mr. Interlúdio, com ilustração do autor, realização de Sergio Liuzzi, Rio de Janeiro, 2008.

OBJETO

W — homenagem a Weissmann. Concepção e poema: Armando Freitas Filho. Realização e arte gráfica: Sergio Liuzzi. Bula: Adolfo Montejo Navas. Pintura e acabamento: Paulo Esteves. Rio de Janeiro, 2005.

ENSAIO

Anos 70 – Literatura, com Heloisa Buarque de Hollanda e Marcos Augusto Gonçalves, Editora Europa, Rio de Janeiro, 1979

LITERATURA INFANTO-JUVENIL

Apenas uma lata, Editora Antares, Rio de Janeiro, 1980.
Breve memória de um cabide contrariado, Editora Antares, Rio de Janeiro, 1985.

TABLOIDE

A flor da pele, com fotos de Roberto Maia, edição particular, Rio de Janeiro, 1978.
Loveless!, com gravura de Marcelo Frazão, Impressões do Brasil, Rio de Janeiro, 1995.

INSTALAÇÃO

Cartografia (a partir de *Números anônimos*) de Adolfo Montejo Navas, Belo Horizonte 1998.

CD

O escritor por ele mesmo — Armando Freitas Filho, Instituto Moreira Salles, Rio de Janeiro, 2001.

DVD

Fio terra, de João Moreira Salles, Instituto Moreira Salles/Vídeo Filmes, Rio de Janeiro, 2006.

COLABORAÇÃO

Poemas em *Doble identidad/Dupla identidade*, de Rubens Gerchman, Editora Arte dos Grafico [sic] Bogotá, 1994. Os poemas foram traduzidos para o espanhol por Adolfo Montejo Navas e para o inglês por David Treece.

ORGANIZAÇÃO E INTRODUÇÃO

Inéditos e dispersos — poesia/prosa, Ana Cristina Cesar, Editora Brasiliense, São Paulo, 1985.
Escritos da Inglaterra — tese e estudos sobre tradução de poesia e prosa modernas, Ana Cristina Cesar, Editora Brasiliense, 1988. Tradução do inglês por Maria Luiza Cesar.
Escritos no Rio — artigos/resenhas/depoimento, Ana Cristina Cesar, Editora da UFRJ/Editora Brasiliense, Rio de Janeiro/São Paulo, 1993.
Correspondência incompleta, Ana Cristina Cesar, com Heloisa Buarque de Hollanda, Editora Aeroplano, Rio de Janeiro, 1999.
Ana Cristina Cesar — novas seletas — Editora Nova Fronteira, Rio de Janeiro, 2004.

Recebeu em 1980 o Prêmio Fernando Chinaglia, com o livro *Apenas uma lata*. Em 1986, com *3x4*; em 2003, com *Máquina de escrever*; e em 2007, com *Raro mar*, recebeu o prêmio Jabuti, concedido pela Câmara Brasileira do Livro. Em 2000, com o livro *Fio terra*, recebeu o prêmio Alphonsus de Guimaraens, concedido pela Fundação Biblioteca Nacional.

Índice

PRIMEIRA SÉRIE 17

Dias divididos por sol e lâmpada 19
Anil, goma, ferro a carvão... 19
A carteira do colégio não é a caderneta............................. 20
O mar desengonçado... 20
Cadillac preto, rabo-de-peixe, conversível 21
Confesso 21
Meu corpo é o meu mal 22
O sinal preto da minha sombra. 22
Falta do seu cheiro apertado 23
Escrevo nas costas da mãe.. 23
Bebo do seu copo, em segredo. 24
Canhestro, com as mãos como que 25
Sinistro, de nascença, adestrado.. 25
A mariposa grande sem pouso 25
Apavorada de apavorar-me 26
Livros fechados dentro da mala... 26
Ampliando o raio do *risogrito*.. 27
Onde minha mãe acaba... 27
Aceitar o horror do meu cheiro, estranho........................ 28
Você é uma cadeira de pau. 29
Medo de mim, do meu corpo... 29
Começar o escrever era descrever. 30
A axila agridoce semirraspada 30
Nos espelhos de nós, de manhã.. 30
A casa, mesmo se não desenhada....................................... 31

Com meus botões, no calor do jogo 31
Uma leitura ao arrepio da seda da Condessa: 32
No Cineac 33
A menina dos olhos 33
Subir a serra depois de fechar a casa 34
A casa grande se despede, vendida 35

FORMAÇÃO 37

Família 39
Sangue 40
Esfrega 41
Bob 42
Rigor 43
Aliança 44
18 de fevereiro 45
Moto-contínuo 46
Lento 47
Contranatura 48
Em família 49
No espelho 50
Primeiro dia 51
Herança 52
Laço 53
Fuso 54
Cota de arquivos 55
Um dia depois do outro 56
Dois quartos da casa 57
No primeiro quarto de dormir 58

Desenho	59
Batismo	60
Alumbramento	61
Mudas, mudanças	62
Suspeito no quarto	63
Guardados	64
Duas casas	65
Em casa	67
Ao lado da cama	68
Quintal	69
Observatório	70
Imagem	71
Bandeira em 33 rotações	72
Cara a cara	73
Maxilar	75
"Roçzeiral"	77
Graça	78
K 1ª versão	79
K 2ª versão	80
Riviera	81
Imprensa	82
Conversation piece	83
Castigo	85
Hiato	86
Trilha	87
No quarto escuro	88
Soturno	89
Solo	90
Escritório irritante	91
Nas bodas de prata de lei da sua morte	92

Antiquário 93
Gravador 94
Pelo retrovisor 96
Lavagem 98
Sonho repetente 99

NUMERAL 101

66 A tinta que molha a pena é de pincel 103
67 Escudo incompreensível 103
68 Entrar depressa no que se escreve 104
69 pensamento lento 104
70 Bloco de imagens amarrado 105
71 Poesia pressupõe algum 105
72 Mesmo para os que nadam 106
73 Dias de parcimônia, de sol difícil, preso 107
74 Repisar o chão duro, muito batido 107
75 Em que número for, será brusco. 108
76 Sono mudo, de morto, em *Sleep*, de Warhol 108
77 Um aro 109
78 O manuscrito passado à máquina 109
79 O corpo injusto 110
80 Moto-contínuo de palavras 111
81 O céu surge igual ao deserto 112
82 Ninguém adia o destino 113
83 O espasmo da orquídea drummondiana 113
84 Acaso construído pelo desejo 113
85 O raso da infância vai até o raro abismo 114
86 Estilo é o que tem ponta 115

87 A sombra foi a primeira máquina no começo............115
88 Pedra, éthos, et cetera, etc., incerta......................116
89 O tempo não perdoa...117
90 Rosa rigorosa, resistente...118
91 Escrever engenheiro, com o engenho......................119
92 Conte até dormir...120
93 Com quantos toques este poema............................120
94 Contra o rosto que o espelho paralisa.....................121
95 No comentário aberto sobre a orquídea..................121
96 Não é para guardar: é para lembrar........................122
97 O processo do castelo...123
98 A hera parece esperar...123
99 Depois de tanto uso e intimidade...........................124
100 Da casa dos três dígitos...124

ESTA OBRA FOI COMPOSTA POR RITA DA COSTA AGUIAR EM
MERIDIEN E IMPRESSA EM OFSETE PELA GRÁFICA BARTIRA
SOBRE PAPEL PÓLEN BOLD DA SUZANO PAPEL E CELULOSE PARA
A EDITORA SCHWARCZ EM JUNHO DE 2009